Theo von Taane

Witze rund um
Karate

Humor & Spaß : Neue Karatewitze,
lustige Bilder und Texte zum
Lachen mit Handkanten Effekt!

Bibliografische Information der Deutschen Nationalbibliothek:
Die Deutsche Nationalbibliothek verzeichnet diese Publikation in der Deutschen Nationalbibliografie; detaillierte bibliografische Daten sind im Internet über http://dnb.dnb.de abrufbar.

Texte und Illustrationen: **Theo von Taane**

Herstellung und Verlag: BoD – Books on Demand, Norderstedt

ISBN: 9783734731662

Witze rund um Karate

Für:

Lustig
Garantie

Inhaltsverzeichnis   Seite

1. Im Verein

Beinwürfe in der Seniorenmannschaft

Zwei alte Herren unterhalten sich nach dem Karatekampf. Sagt der eine:

„Hast du meinen Ashi basami gesehen, das war eine Fußschere wie in jungen Jahren." Darauf der andere: „Na ja, aber den Herzkaspar hatte der andere schon bekommen noch bevor du losgelegt hattest."

Helikopter Flugstunde

„Also Herr Schmidt, wie oft muss ich Ihnen noch sagen, dass nur die mit einem Kreis umschlossenen **Hs** Landeplätze für Helikopter darstellen. Karateplätze mit ihren markierten Kampf- und Sicherheitsflächen gehören definitiv nicht dazu. Bitte starten sie den Helikopter wieder, ich mag es auch nicht, wenn wütende Karatekämpfer wie wild auf unser Cockpit einhämmern."

Ansprache

Nach dem Karatewettkampf spricht der Clubvorstand vor versammelter Mannschaft: „Wir haben zwar heute nicht gewonnen, aber nach dieser Vorstellung bin ich schon froh, dass keiner bei dem Versuch den Gegner zu treffen sich in seinen eigenen Karategurt verhäddert hat und tödlich aufgeschlagen ist.

No Name

Auf den Hund gekommen!

„Hallo Herr Meyer, dass sie ihren Hund mit zum Karate nehmen ist grundsätzlich in Ordnung, aber dass er bei jedem Rundenende die andere Seite der Kampffläche neu markiert geht nun wirklich zu weit."

Karate infernale

Während der Rundenpause der Trainer zu seinem Karatekämpfer: „Also Du musst Dich nun langsam mal entscheiden, welchen Karriereweg Du einschlagen möchtest. Entweder der weltbeste Slapstick-Darsteller werden oder der Gewinner dieses Karatekampfes. Beides gleichzeitig geht nicht."

Zukunftspläne

Wettkampfverlust

„Hallo Herr Meyer, sagen sie mal weshalb kniet denn unser Trainer neben dem Ring und schaut permanent auf den Boden?" Meyer:
„Er sucht das Körnchen Glück, dass ihm fehlte um den letzten Karatewettkampf zu gewinnen."

Schnelligkeit

„Mensch ihr Sohn hat ja eine tierische Geschwindigkeit beim Angriff drauf, vergleichbar mit....wie heißt noch einmal das Tier mit dem Panzer auf dem Rücken?"

Erfrischung

„Ich muss schon sagen, sehr erfrischend wie unser teuer eingekaufter Neuzugang kämpft. Nein, nicht was sie jetzt denken, sondern er sorgt als Luftnummer durch seine unkoordinierten Bewegungen immer wieder für frische Verwirbelungen mit kühlendem Luftstrom."

Sparringspartner

Na ich glaube jetzt haben wir für Peter endlich den seiner Leistungsklasse entsprechenden Sparringspartner gefunden.

Karateväter

Beim Karatetraining unter freiem Himmel. Zwei Karateväter beobachten das Jugendtraining ihrer Söhne sagt der eine:

„Also wenn man ihren Sohn sich auf dem sandigen Boden so bewegen sieht, merkt man schon dass er in seinem Element ist."

„Wie meinen sie das?"

„Na, das mit dem Sand und dem Schlafen kennt er ja schon recht gut vom Sandmännchen her."

Vorwärtstritt

„Wow, das war wirklich ein bombastischer Zenpo geri. So etwas habe ich noch nie gesehen. Diesen kraftvollen Start wie in Zeitlupe und dann diese abrupte harte Landung mit nahezu ganzer eigener Körperfläche auf dem Boden.

Ich sag es ja immer, besser man achtet auf Schweißfreie Fußsohlen"

Mobilfunk

„Hallo Herr Meyer wissen sie warum uns der Trainer zuruft, wir sollen unsere handys und smartphones ausschalten?" Meyer:

„Na offenbar möchte er den aktuellen Höhenflug seines Schützlings nicht gefährden und durch das Mobilfunkverbot den typischen Absturz in der letzten Runde des Karatekampfes vermeiden."

Der Karategurt Nerd

Renovierung der Clubräumlichkeit

Clubmitglied zum Hallenwart:
„Das hatten wir ja noch nie. So viele Clubmitglieder, die freiwillig helfen die Clubräumlichkeiten aufzuräumen und auch zu renovieren. Toll diese Moral."
Hallenwart:
„Ja unglaublich wie die Nachricht um eine gefundene historische Goldmünze die Moral verändern kann, selbst wenn es sich um meine eigene handelt, die ich verloren hatte, aber das will ja keiner hören."

Psychologie

Trainer zu seinen Schützlingen nach dem Wettkampf in der Halle des anderen Vereins:

„Um euren Gegner schlagen zu können solltet ihr ihn auch insbesondere psychologisch gut einschätzen können. Wenn ihr z.B. merkt, dass er wütend ist und jeden Schlag mit sehr großer Kraft durchführen möchte, dann nehmt immer nur ein kleines bisschen die Deckung runter was ihn dann aufgrund der immer wieder von euch rechtzeitig abgeblockten Schlag- und Trittversuche so stark ärgert, dass er dann zunehmend unaufmerksamer wird und nicht mehr auf seine Verteidigung achtet und ihr ihr dann schnell einen Kobushi Uchi ansetzen könnt. Hier zum Beispiel, nehmen wir diesen Kämpfer dort drüben bei den Senioren, wie würdet ihr seine psychologische Verfassung einschätzen?" Darauf eines der Teammitglieder:

„Stark übernächtigt, Trinkerseele, humpelt leicht durch Knieverletzung, hat also Null Kondition und Beweglichkeit. Bei diesem Kämpfer reicht es, ihn einfach etwas kommen zu lassen, ein paar Schläge anzutäuschen und dann nur noch quasi auf den richtigen Moment zur Nutzung der Lücke in seiner Technik zum finalen Tritt zu warten." Trainer:

„Das ist ja brillant analysiert, woraus entnimmst Du denn die ganzen Details?"
Teammitglied: „Na ich werde ja wohl meinen eigenen Onkel kennen."

Knoten

Kannst du auch einen Seemannsknoten?

Indianer

„Sag mal Peter, wer ist denn dieser komisch gekleidete Kauz da drüben der aussieht wie ein Ureinwohner aus der Südsee?" Peter:
„Ach den, den hat unser Vorstand speziell für die Ligaspiele eingekauft."
„Kann der denn so gut Karate ?"
„Das nicht, aber sofern wir bei entscheidenden Wettkämpfen zu verlieren drohen, beginnt er mit den Verfluchungen der Gegner mit seiner Voodoo Puppe."

Erste Erfahrungen im Karate

Der kleine Paul war das erste Mal mit im Karateverein und hat seinen Vater beim Karate zugeschaut. Anschließend prahlte er:
„Mein Vater ist der beste Karatekämpfer auf der Welt. Er lag immer am schnellsten auf dem Boden."

Spatzen

Sitzen zwei Spatzen auf einer Gerüststange und schauen bei einem Karatekampf zu, sagt der eine: „Mann, diese Kondition, das geht jetzt schon fast anderthalb Stunden so." Sagt der andere Spatz: „Ja, das hätte ich Paul auch nicht zugetraut, der muss nach dem ganzen Herumgefalle schon ordentlich einen an der Birne abbekommen haben."
„Ja denke nächstes mal überlegt er es sich zweimal aus Neugierde einfach in einen Karateanzug zu schlüpfen."

Außenbereich

Während des Karatefreundschaftskampfes zweier Vereine welcher unter freien Himmel auf einem sandigen Boden ausgetragen wird sagt der Trainer zu seinem Spieler: „Hallo Peter du hast ja ganz schön deinen weißen Kampfanzug eingesaut. Lass mich raten: Unter Berücksichtigung der Tatsache dass wir hoffnungslos zurückliegen und bei dem Grad deines Engagements heute kann es sich entweder nur um Sand vom Ausruhen auf dem Boden handeln oder schlicht und einfach um Flugrost."

Geduld

Zwei Clubmitglieder schauen sich ein Karatekampf an, sagt der eine:

„Warum sitzt denn Rüdiger immer noch auf dem Boden neben der Kampffläche statt weiterzukämpfen?" Darauf der andere:

„Na weil ihm der Trainer gesagt hat er soll auf den richtigen Augenblick zum Angriff warten."

Andacht

„Sag mal warum steht denn die ganze Mannschaft schweigend vor der Karatekampffläche dort hinten mit gefalteten Händen und gesenkten Kopf?"

„Na weil wir uns dort im letzten Wettkampf die entscheidende Niederlage gegen den Klassenerhalt eingefangen haben und diesem nun die letzte Ehre erweisen."

„Und warum stehen dann alle Mannschaftsmitglieder da und nicht nur der Kämpfer der das hauptsächlich zu verantworten hat?"

„Die anderen stellen den Vollzug sicher."

Dirty Talking

Versprechen

„Sag mal, wieso trägt Frank beim Karate jetzt seine Sachen falsch herum, also das, was normalerweise innen ist, nach außen?"

„Na beim letzten Wettkampf hatte er so schlecht gekämpft, dass er versprach seine ganze Kampfweise umzukrempeln."

„Ja schon, aber dass er jetzt seine Unterhose umgedreht nach außen trägt finde ich jetzt schon ein wenig geschmacklos."

Verabredung

Anton und Peter trainieren außerhalb des regulären Trainings, da klingelt das Handy von Anton. Anton nimmt ab und nach einer Weile sagt er zu Peter:

„Meine Frau hat gerade angerufen und mir gesagt, dass sie heute Abend erst sehr spät nach Hause kommen wird." Peter:

„Ja und?" Anton:
„Na sie weiß nichts von unserem Herrenabend heute und hat gesagt, dass sie mit dir den ganzen abend eine wichtige Präsentation für morgen vorbereiten muss."

Grundstück

Hast du schon gehört dass man jetzt Teile unserer Karateplätze ideell kaufen kann? Man kann einen Namen vergeben, bekommt sogar eine Urkunde. Nette Sache als Geschenk. Und der Verein kann mit den Einnahmen die Clubräume renovieren."

„Theoretisch hast du recht. Aber es gibt hier ein paar Mitglieder die das ganze etwas zu ernst nehmen."

„Wieso?"

„Na schau doch mal zum linken Platz rüber, hier haben sich die Müllers die Kampffläche gekauft und gleich komplett umzäunt."

Kampftaktik

Zwei Clubmitglieder schauen sich den Karatekampf von Nachwuchskämpfern der U18 an, sagt der eine zum anderen:

"Also ich finde, dass die Taktik von Peters Angriffskampf dem eines Schachspiels ähnelt."

„Aber dann muss er wohl der Läufer sein, da er nur schräge Schlagtechniken anwendet"

Kimono Jagd

Treibsand

„Warum stellt der Trainer vor der Karatewettkampffläche ein Schild mit der Aufschrift ‚Achtung Treibsand, betreten verboten' auf und weshalb stehen seine Karatekämpfer daneben und schauen gebannt zu?"

„Die Karatekämpfer sind unsere Mannschaft bei den Junioren und der Trainer kann sich das schlechte Abschneiden der Mannschaft nur noch dadurch erklären, dass der Untergrund des Platzes aus Treibsand besteht."

„Das verstehe ich nicht."

„Na der Trainer hat so intensiv mit den Kämpfern taktisch gute Schlag- und Abwehrkombinationen eingeübt und an der Technik gearbeitet, dass als einzige Erklärung nur noch Treibsand in Frage kommt, der im Wettkampf alle guten Schläge und eintrainierten Taktiken unserer Mannschaft rückstandslos verschluckt haben muss."

Karategurte

Unterhalten sich zwei Karategurte, sagt der eine:

„Also ich mach das nicht mehr lange mit, andauernd werde ich geknotet, mein Stoff ist schon ganz zerfasert, meine Struktur geplättet und nach einem Kampf bin ich immer ganz zerknautscht"

Darauf der andere:

„Ja was hast du denn erwartet von deinem Job als Karategurt?"

Darauf der andere:

„Das an mir gezogen wird, halte ich schon aus, aber beworben hatte ich mich als erhabener Schwarzgurt und nicht Knautsch- und Reissgurt. Weißt du was, langsam glaube ich, dass ich das Opfer einer Verwechselung bin..."

Tierisch

Eine Ziege und ein Esel haben ein Karatekampf zusammen. Nach einem harten Tritt des Esels bleibt sein Karategurt an einem der beiden Hörner der Ziege hängen. Sagt der Esel: „Macht nichts, das hätte mir auch passieren können."

Irre

Treffen sich zwei Irre zum Karate, sagt der eine:
„Ach verdammt wir können nicht kämpfen."

Sagt der andere: „Warum nicht, was ist denn los?"

Darauf wieder der andere: „Wir haben die Würfel vergessen."

GPS

„Hallo Klaus, weißt du warum mehrere Karatekämpfer andächtig mit gesenkten Kopf und gefalteten Händen vor der Kampffläche stehen?"
Klaus: „Da nach den GPS-Koordinaten des neuen billig Smartphones von Frank, sich genau dort die heilige Anlage des Petersdom in Rom befinden müsste."

Freizeitkarate

Wussten sie schon, dass Freizeitkarate unter Karateprofis keine Verbreitung findet?

Hüpfende Bälle beim Karate

„Die schönsten Knock-out Faktor gab es heute im Frauenkarate bei Sabine mit ihren hüpfenden Bällen zu sehen."

Bodenspiel

„Den aktivsten Part in Deinem Karatekampf heute hatte der Boden unter Dir."

Traditionelles Treffen

Die drei Familienväter Paul, Frank und Peter treffen sich jeden Sonntag früh um zusammen Karate zu trainieren. Diesen Sonntag ist Ostersonntag und alle sind überrascht, dass es trotz Familienzwang jeden gelungen ist, zum Treffen zu kommen.

Paul: „Ich habe meiner Frau einen teuren Wellness-Gutschein geschenkt."

Frank: „Meine Frau hat von mir einen silbernen Anhänger bekommen, den sie schon immer haben wollte."

Peter: „Ich habe gestern Abend ausgiebig Knoblauch gegessen und bereits heute früh um sechs stand wie von Zauberhand meine Trainingstasche direkt neben der Tür fertig gepackt zum Abmarsch bereit."

Hammerhart!

Wussten sie schon dass unter ‚hammerharten' Karatekämpfen keine Filme mit sexuell anrüchigen Spielszenen zu verstehen sind, auch wenn manche Karatekämpfe der nackte Wahnsinn sind?

Einfach irre

Zwei Irre wollen zusammen Karate trainieren, wundert sich der eine, dass der Kampfanzug nicht passt sagt der: „Das ist wirklich das Komische am Karate." Fragt der andere: „was denn?"
„Na, die verkaufen Karatekampfanzüge aus Isopren in denen man sich schlecht bewegen kann und auch gleich zu schwitzen anfängt"

Fürsorge

Beim Trainingskampf unter freien Himmel. In der Rundenpause. Nachdem der eine Karatekämpfer etwas durchgeatmet hat spricht dieser zu seinem Gegner: „Schauen Sie mal den Krankenwagen, der kommt sicher wegen der hochschwangeren Frau dort drüben. Na, hoffentlich ist noch nicht die Fruchtblase geplatzt." Darauf macht sein Gegner mit seinen Armen ausladende Winkbewegungen, um dem Krankenwagen aus der Entfernung zu signalisieren, wo er am besten halten kann.

Dann geht der Kampf weiter. Nach dem der Kampf beendet ist meint noch der eine Karatekämpfer: „Das war wirklich nett von Ihnen dem Krankenwagen zu helfen, schneller einen Halteplatz zu finden." Darauf der andere: „Ja selbstverständlich, immerhin handelt es sich bei der Schwangeren um meine Frau."

Auf den Hund gekommen

Zwei Karatekämpfer aus verschiedenen Vereinen trainieren an diesem Wochenende zusammen. Der eine hat einen kleinen Hund dabei und jedes mal wenn sein Herrchen einen guten Wurf fabriziert hat macht dieser ein kleines Wuff und wenn er die Runde gewonnen hat sogar einen kleinen Salto. Meint der andere: „Und was macht er wenn Du mal nicht gewinnst?". Darauf der andere: „Dann fängt er an zu fliegen." Freund: „Das ist ja phänomenal. Wie weit denn?". Darauf wieder der andere: „Je nachdem wie weit ich ihn eingewickelt in meinen Gurt schleudern kann."

Arzt

Beim Frauenkarate. In der Rundenpause bemerkt eine der Damen dass der begehrte Dr. Frank zugeschaut hat und fragt ihn: „Hallo Herr Doktor wie finden sie wie ich Karate kämpfen kann?" Darauf der Doktor: „Aber meine Teuerste, sie wissen doch als Arzt unterliege ich der Schweigepflicht."

O-soto-gari

Nach endlosen Trainingseinheiten ist es Sabine endlich gelungen, einen ordentlichen Wurf zu erzeugen.

Herzlichen Glückwunsch, es ist ein großer Außensichel.

Kindergeld

Wussten sie schon, dass Karateprofis trotz kindischen Verhaltens kein Kindergeld für ihre Knallschoten im Wettkampf beantragen dürfen?

Toilettengang

Ein Karatekämpfer möchte nach dem Karatekampf in einem Sportcenter auf die Toilette gehen. Da diese zu klein ist, um seine riesige Sporttasche mitzunehmen, muss er sie vor der Tür stehen lassen. Damit sie keiner mitnimmt schreibt er auf einen Zettel: „Wer es wagt, die Tasche wegzunehmen bekommt von mir einem Hiji Uchi wie vom besten Karatekämpfer dieser Stadt.". Er legt den Zettel auf die Tasche und geht dann auf die Toilette. Als er wieder raus kommt ist die Tasche weg und findet statt dessen einen Zettel auf dem Boden liegend auf dem steht: „Bei so einem harten Schlag erwarte auch kein Rückkampf."

Mannschaftsessen

Wussten sie schon, dass das traditionelle Mannschaftsessen nach einem Karatekampf kulturell unterschiedlich verstanden werden kann, so verstehen beispielsweise Kannibalen etwas völlig anderes hierunter als in unseren Breitengraden.

Gerüchte

„Weißt du schon das Neueste?"

„Nein, was denn?"

„Peter Maier unserem Vorstand geht es momentan nicht gut, ein dutzend Gläubiger sind hinter ihm her, ihm steht das Wasser bis zum Hals."

„Ja das habe ich auch gehört und morgen will er untertauchen."

Moderne Clubräume

„Also Herr Schulz die renovierten Clubräume sind wirklich toll, eine richtige Augenweide. Und diese moderne Inneneinrichtung ist schon sehr schick. Am beeindruckendsten finde ich allerdings dieses imposante 3-D Karatebild, man könnte fast den Eindruck bekommen die Kämpfer bewegen sich." Darauf Herr Schulz:

„Ihr Eindruck stimmt, allerdings ist dies kein 3-D Bild sondern das Panoramafenster, das hinaus auf die Halle auf einen der Nebenplätze zeigt, auf welchem gerade unsere Senioren trainieren, und die sind immerhin im Schnitt schon über 80 Jahre alt."

Garderobenhaken

Kurz vor den Ligaspielen wurden noch die Clubräume renoviert und unter anderem wurde im Umkleideraum über fünf Garderobenhaken ein Schild angebracht mit der Aufschrift „Nur für die Vereinsmannschaft". Später in der Saison, nachdem die Mannschaft auch noch den letzten Wettkampf verloren hatte, klebte plötzlich am nächsten Tag ein Sticker darunter: „Auch für Kleidung und Taschen verwendbar".

Bewerbung

Eine junge gutaussehende Frau betritt das Sekretariat des Karatesportvereins zwecks Bewerbungsgesprächs als neue Sekretärin. Zufällig hält sich der Trainer der Damenmannschaft im Büro auf und sortiert gerade hinter dem Schreibtisch die neu angekommenen Probekampfanzüge der Größe nach, als die junge Frau den Raum betritt. Die junge Frau:

„Guten Tag, ich bin Frau Müller die Neue, erinnern sie sich an unser Telefonat?" Trainer:

„Das ist ja super, wir brauchen dringend eine Verstärkung in unserem Team, aber sagen sie mal kommen sie zufällig auch mit einer versteiften Größe XL zurecht?"

Die junge Frau errötend:

„Das kann ich nicht sagen, mit so starken Stücken hatte ich es bislang noch nicht zu tun."

Tragende Roll e mit Karatematten

2. Fitness und Techniktipps

Ashi-Basami

Schaffen sie mehr Sicherheit für ihrem Ashi-Basami durch eine Durchführung sowohl mit beiden Füßen als auch den Händen. Es werden ihnen außerdem die erstaunten Blicke der Zuschauer ganz gewiss sein.

Übersicht behalten

Behalten sie auch beim Gegenangriff die Übersicht, indem sie stets mit einer Hand ein Fernrohr vor dem Auge bilden. Lassen sie sich nicht beirren durch die vielen Schläge, die ihre Gegner jetzt anwenden werden, gemessen in einer Lifetime Scorecard werden sie langfristig die Nase vorne haben* (*statistisch nicht berücksichtigt Gegner die mindestens genauso alt oder älter werden als sie).

Vorwärtstritt
Holen sie mehr Power aus ihrem Zenpo Geri durch drehen einer Rumpfluftpirouette. Kanalisieren sie die Ausschwungbewegung nach Tritt des Gegners im sogenannten Pirouettentritt um die eigene Achse in der Luft! Achtung! Achten sie auf ein gutes Aufwärmtraining, um Verrenkungen im Vorfeld auszuschließen.

Fußfeger

Kontrollieren sie die saubere Ausführung ihres Ashi Barai durch Öffnen des Gurtes ihres Kampfanzuges beim Ausschwung. Segelt ihre Anzughose bei Durchführung direkt aus der Wettkampffläche war der Fußfeger gut. Halten sie während eines Wettkampfes genügend Ersatzhosen bereit.

Kondition

Mehr Ausdauer durch mentale Suggestion. Stellen sie sich einfach vor sie bewegen sich die ganze Zeit während des Kampfes Berg ab und ihre Gegner dagegen Berg auf. Suggerieren sie sich in der zweiten Stufe dann mentale Siebenmeilenstiefel. Sie werden sehen, mit ihrer neu gewonnenen mental geerdeten Kondition werden sie Berge versetzen.

Konzentration

Es ist wissenschaftlich erwiesen dass ein Sekundenschlaf eine enorm erfrischende Wirkung in kurzer Zeit erzielen kann. Daher rät der Profi bei lang anhaltenden Kampfsequenzen direkt nach einem Wurf mal die Augen für ein paar Sekunden zu schließen. Der Erholungseffekt nach Wiederöffnen wird enorm sein. Sie werden weniger Druck verspüren und gehen erfrischt in die nächsten Kampf. Und je mehr sie diese Technik in einem Karatekampf anwenden desto entspannter können sie kämpfen, bis hin zu einem souveränen Kampfverlust mit Wohlfühlgarantie .

Fuß

Bei Karatekämpfern mit zwei linken Händen wird von der Durchführung von Kaisho Uchi mit der rechten Hand dringend abgeraten.

Kampftaktik

Verwandeln sie als Gast den Karatekampf in ihren Heimvorteil. Bestehen sie darauf bei stark blutverschmierten Boden weiterzukämpfen, denn durch die vielen Tränen und Schweiß die bei den unendlichen Trainingseinheiten aufgrund des hohen Grades an Untalentiertheit geflossen sind, wissen Sie am besten wie man sich auf rutschigem Untergrund bewegt.

Handtuch

Gib nicht so an, wozu brauchst du ein Handtuch?.

Seniorenteam

Unterhalten sich zwei Karatekämpfer, sagt der eine:

„Schau dir mal die Seniorenkämpfer des gegnerischen Vereins an, sehen ziemlich grottig aus." Sagt er andere:

„Ach so, und ich dachte schon der Friedhof um die Ecke hätte heute Wandertag."

3.   Gesundheit, Pflege & Mode

Besuch beim Psychiater

Kommt ein Kategurt zum Psychiater und sagt: "Also ich versuche wirklich, meinem Leben einen Sinn zu geben und etwas Bleibendes zu schaffen, aber direkt nach einem Karatekampf sind meine Verknotungskunstwerke schon nach wenigen Minuten wieder wie aufgelöst."

Fremdgehen

Unterhalten sich zwei Karatekämpfer sagt der eine:

„Hast du schon das Neueste gehört?"

„Nein, was denn?"

„Eine Frau wurde von ihrem Mann beim Fremdgehen erwischt. Aus Wut hat er diese solange mit einem Karategurt geschlagen, bis sie in die Notaufnahme eingeliefert werden musste."

„Auweia, und welche Gürtelmarke hat er verwendet?"

Beim Arzt

Ein Mann beim Arzt. Nachdem dieser alle Untersuchungen abgeschlossen hat, schaut er mit ernster Miene zum Patienten und sagt: „Ich rate Ihnen dringend sofort mit dem Karate aufzuhören.". Patient: „Ach Herrje, Herr Doktor steht es so schlimm um mich?". Arzt: "Das nicht, aber ihre Wettkampfergebnisse lassen keine andere Diagnose zu."

Modern Look

Unterhalten sich zwei Frauen im Foyer vor dem Karatewettkampf, sagt die eine:

„Ja du hast recht dieser schäbige vintage–look ist wieder in, aber die anderen tragen mit Label und du nicht."

Jobrotation

Zeit

Frank und Peter unterhalten sich nach ihrem Karatekampf

Frank: „Und Peter, wie lange machst du schon Karate?"

Peter: „Seit ungefähr fünf Jahren."

Frank: „Das ist eine lange Zeit, kein Wunder dass du so müde aussiehst."

Umschulung

Outfit

„Hallo Tina, schön dass es heute mit unserer Verabredung zum Kaffeerinken auf der Terrasse beim Karatevereins geklappt hat."

„Wie findest du eigentlich mein neues Outfit, das mir mein Mann letzte Woche gekauft hat?"

„Ja richtig, dass ist wirklich schade, dass ihr euch noch immer nicht versöhnt habt."

Neues Outfit

Unterhalten sich zwei junge Karatesportlerinnen, sagt die eine: „Also immer, wenn ich ein neues Sportoutfit trage gehe ich mir gleich das nächste anschaffen." Darauf die andere: „Also bei mir ist das genau umgekehrt."

Fußverletzung

Ein Karatekämpfer kommt mit stark bandagiertem Arm und humpelnd in den Clubraum. Darauf ein Clubmitglied:

„Übertrainiert?". Darauf der Karatekämpfer:

„Nein, beim Ausruhen vom Sofa gefallen."

Annoncen aus der Vereinszeitung

- Vermiete großräumigen Hosenstall für ausgiebiges Ausdauertraining

- Einsamer Wanderpokal sucht zementierten Sockel zum Anlehnen

Unterhaltung zwischen zwei Gurten

Creme and run

„Wow Frank, deine Beinarbeit ist einfach fantastisch. Und du hast auch ordentlich abgenommen, mindestens 10 kilo. Wie schafft man das in nur zwei Wochen?" Frank:

„Das habe ich dem neuen Fitness- und Trainingsprogramm ‚Creme and run' zu verdanken." Darauf der andere:

„Creme and run? Was ist das denn?" Frank:

„Na ja, bevor man auf die Wettkampffläche zum Training geht reibt man sich die Waden mit Speck ein und wenn dann das Training beginnt nimmt der Trainer seinen ausgehungerten Terrier von der Leine."

.

4. Kampfrichter

Faul

Unterhalten sich zwei Zuschauer eines Karatewettkampfes, fragt der eine:

„Warum ruft denn der Kampfrichter permanent Faul?" Darauf der andere:

„Der eine Karatekämpfer bewegt sich nicht besonders viel und der Kampfrichter ist von Beruf Lehrer und kann offenbar auch in seiner Freizeit nicht abschalten."

Umorientierung

„Vielleicht sollte einer mal dem Ersatzkampfrichter sagen, dass wir hier nicht beim Tennis sondern beim Karatekampf sind." Darauf der andere: „Wieso?" Darauf wieder der andere: „Na hör mal, es gibt beim Karate keinen Aufschlag, und jedes mal ‚1st Serve, quiet please' zu rufen, wenn der eine Kämpfer einen guten Schlag ansetzen will hat geht nun gar nicht."

Kampfrichter

Im Karatewettkampf. In der Rundenpause geht einer der Kämpfer auf den Kampfrichter zu und drückt ihm einen Euro in die Hand. Kampfrichter:

„Wie soll ich das denn bitte verstehen?" Kämpfer:

„Naja, ich dachte mir dass es sehr anstrengend für sie sein muss mehrere Stunden hier dem Nichtstun ausgesetzt zu sein. Das müssen sie sich doch nicht antun als 1 Euro Jobber. Jetzt haben sie den Euro und können gehen wohin sie wollen."

Zukunftspläne

Wenn ich mal groß bin möchte ich ein Seil mit Kordel werden.

Kampfrichter

„Es ist toll wenn ein Kampfrichter seine Aufgabe sehr genau nimmt, aber mit dem extra engagierten Pfadfinders als Unterstützung zur rekonstruktiven Ablaufanalyse der Schweißabdrücke der Füße auf der Kampffläche ist er nun wirklich über das Ziel hinausgeschossen."

Richterkollegen

Unterhalten sich zwei Richterkollegen, sagt der eine:
„Also ich finde ja die klare Linie, die Kollege Meyer in seiner Urteilsfindung verfolgt, schon prima.". Darauf der andere:
„Na ja, aber jeden Fall immer nur mit ‚unerlaubter Schlag ins Gesicht!' oder ‚verbotene Wurftechnik!' zu bewerten...da merkt man dann schon seine Vergangenheit als Kampfrichter im Karatesport"

Haarpflege

Seit ich Schaumar nehme fühlt sich mein Stoff viel weicher an.

Vibrationen

Was ist denn mit Manfred los? Hat er einen epileptischen Anfall oder so?.

Nein, er kommt gerade aus einem Karatekampf, und hatte vergessen sich zubinden zu lassen.

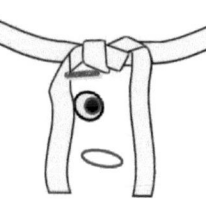

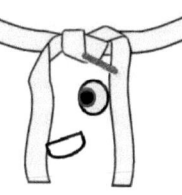

5. Trainer & Training

Zaungäste

Spricht der Karateprofi zu einem Zuschauer während des Trainings:

„Seit zwei Stunden stehen sie nun schon da und schauen mir dabei zu wie ich versuche, meine Schlagtechnik zu verbessern. Wie wäre es, wenn sie versuchen würden, selbst mal Karate zu machen?" Darauf der Zuschauer:

„Nein danke, dazu bin ich viel zu ungeduldig."

Taxi Shuttle

Nach dem Wettkampf kommt der Trainer zur Mannschaft, welche gerade verloren hat und sagt: „Ich habe euch einen Shuttlebus direkt vor dem Eingang der Anlage bestellt, es wird in 4 Stunden da sein, d.h. ihr musst sofort losgehen um noch rechtzeitig da zu sein."

Ausbildung

Im Ausbildungslehrgang für angehende Karatetrainer. Ausbilder: „So nun habt ihr fast alles gelernt bis auf eine ganz wichtige Sache, die für den Erhalt eures Trainervertrages bzw. Kontingentes von großer Bedeutung ist. Bitte setzt jetzt alle eine ernste Miene auf und sprecht mir nach: Du bist ein echtes Talent. Aus dir kann mal was ganz großes im Karate werden."

Karatecrack

Der Lehrer unterhält sich mit Peter: „Und Peter was machst du so in deiner Freizeit?" Peter: „Ich übe den Karatesport intensiv aus. Letzte Woche habe ich sogar ein internationales Jugendturnier gewonnen und bin dadurch mit der Vereinsmannschaft unter die Top 3 in Europa hochgerutscht."

Lehrer: „Aber Peter, das wusste ich ja gar nicht. Das könnte natürlich deine schlechten Noten in der Schule erklären. Du wirst ja wahrscheinlich jeden Tag trainieren müssen und hast dann kaum noch Zeit für die Hausaufgaben."

Peter: „Ja genauso ist es. Aber wenn es zu viel wird, dann zieht meine Mutter schon mal den Stecker aus dem PC."

Wertvolle Tipps

In einer Rundenpause spricht der Trainer zu seinem Schützling welcher gerade hinten liegt: „So und nun machst Du mal was ganz Verrücktes."

Kämpfer: „Was denn?"

Trainer: „Triff den Gegner"

100 Prozent

Nach dem Karatekampf kommt der Trainer zu seinem Schützling und sagt:
„Du hast heute alle Punkte gemacht."
Karatekämpfer: „Wieso ich habe doch glatt verloren."
Trainer verärgert: „Ja deswegen ja."

Wo die Liebe hinfälltl

Schau mal Peter an, wie kann man nur so tief sinken.

Vereinstrainerin

Die Vereinstrainerin, welche einen riesen Busen hat sucht neue Übungsleiter zur Verstärkung des Trainerteams. Auf die Anzeige hin melden sich drei junge Männer. Nach dem Trainingstestkampf ruft sie den ersten Kandidaten in das Vereinsbüro und stellt dann dem Bewerber einige Fragen. Zum Gesprächsabschluss stellt sie noch die folgende:

„Fällt Ihnen irgendetwas Besonderes an mir auf?" Darauf der junge Mann:

„Sie haben einen monströsen Busen." Trainerin:

„So eine Frechheit, verschwinden sie sofort!". Dann ruft sie den Zweiten herein und auch ihm stellt sie am Ende des Gespräches die Frage:

„Fällt Ihnen irgendetwas Besonderes an mir auf?". Der junge Mann:

„Sie haben einen monströsen Busen." Vereinstrainerin:

„Verlassen sie sofort das Büro!". Dann kommt der dritte Proband ins Büro und am Ende kommt wieder die Frage:

„Fällt Ihnen irgendetwas Besonderes an mir auf?". Darauf der junge Mann:

„Sie tragen einen wirklich bemerkenswerten Gürtel." Darauf die Trainerin erleichtert und ein bisschen geschmeichelt:

„Finden sie dass er mir steht?" Junge Mann:

"Nein, das nicht, aber ohne dessen Halt würde ihr monströser Busen glatt auf den Boden klatschen."

Gang nach Kanossa

Der Karatekämpfer kurz vor dem Wettkampf „Der Weg von den Umkleideräumen zur Wettkampffläche ist aber lang in diesem Verein und dann immer durch diese vielen Türen, das ist echt mühselig." Darauf der Trainer: „Keine Sorge der Rückweg wird einfach." Karatekämpfer: „Wieso?" Trainer: „Na mit deiner Einstellung wird dich unser Gegner heute so platt machen, dass ich dich nachher beim Rückweg problemlos unter den Türen durchschieben kann."

Götterdämmerung

Unterhalten sich zwei Vereinsmitglieder, sagt der eine:
„Achtung auf der Wettkampffläche geht gleich die Vorstellung los." Darauf der ander<
„Wie, was denn für eine Vorstellung?"
„Na die Götterdämmerung." Darauf der andere:
„Ich versteh nur Bahnhof, ich sehe nur den Trainer mit Peter, die gerade ihr Training starten." „Na eben, der kapiert doch schon zum x-ten mal nicht die neue Wurftechnik und nach spätestens 15 min hörst du wiederholt den Trainer brüllen: ‚Mein Gott, wann dämmert bei dir denn endlich die Technik!"

Spüren

6. Im Stadion

Allgemeinwissen

Spricht ein Journalist im Interview zum Karateprofi: „Man sagt ja durch das viele Training leidet das Allgemeinwissen bei den Profis, da keine Zeit zum Lernen übrig bleibt." Darauf der Profi: „Nein, das kann ich so nicht bestätigen." Darauf wieder der Journalist: „Na gut, dann beantworten sie mir bitte die folgende Frage: Wo liegt Russland?" Darauf der Karateprofi:

„Na, weit kann es nicht sein, da unser Trainer Struganoff jeden Tag zu Fuß zum Training kommt."

Karrierehilfe

Fragt der Journalist den erfolgreichen Karateprofi: „Und sie haben ihre Karriere ganz alleine ohne Hilfe geschafft?" Darauf der Karateprofi:

„Das kann man so nicht sagen. Es gab da immer diese Karategurte die ich zum Sieg gebraucht hatte."

Hilfestellung

Nach dem Karatekampf humpelt ein älterer Zuschauer gestützt auf zwei Krücken zum Verlierer des Wettkampfes, reicht ihm eine der Krücken und sagt: „Die brauchen sie dringender als ich."

Zuschauer

Im Zuschauerbereich des Karatewettkampfes. Kurz nachdem die Namen der beiden Mannschaften genannt wurden, steht einer der Zuschauer abrupt auf und schickt sich an zu gehen, da fragt ihn sein Sitznachbar: „Wo wollen Sie denn jetzt noch hin, der Wettkampf beginnt doch jeden Moment." Sagt der andere: „Habe ich letztes Jahr schon gesehen".

Auge

Nach Ende des Kampfes reibt sich der Verlierer beim Verlassen der Wettkampffläche intensiv die Augen, fragt ein Zuschauer: „Das war also der Grund warum Sie verloren haben, sie hatten Probleme mit den Augen und waren dadurch gehandicaped?" Darauf der Karatekämpfer: „Nein, Schlaf im Auge."

Suche

Bei einem Karatekampf ertönt folgende Hallendurchsage:

„Achtung liebe Gäste, der kleine Peter ist verloren gegangen. Er trägt kurze Hosen und ein blaues Hemd. Falls ihn jemand sieht oder er selbst diese Durchsage hört, bitte umgehend beim Hallensprecher melden....(für einen kurzen Moment nur dumpfes Gemurmel zu hören)...und mir wurde gerade noch mitgeteilt, dass sich Peter auch auf dem Parkplatz aufhalten könnte, er fährt einen blauen Mercedes mit dem Kennzeichen B-WU3578."

Im Zuschauerbereich

Im Zuschauerbereich während eines Karatekampfs dreht sich eine Zuschauerin, die einen sehr ausladenden Hut trägt, zu ihrem Hintermann um und fragt: „Stört sie mein Hut beim Zuschauen?" Darauf der Mann:

„Nein überhaupt nicht und wenn sie sich wieder nach vorne drehen würden, dann könnte ich auch wieder mein Bier drauf abstellen."

7. Verrückte Berufe

Neue Jobs braucht das Karate

Der Karatesportverband hat beschlossen mehr Arbeitsplätze bei den Karatewettkämpfen zu schaffen, um den Komfort für die Kämpfer zu erhöhen. Nun gibt es:

- Frischwind Zufächler

- Karategurt Binder

- Schweiß Abtupfer

- Kampfanzug Zurechtzieher

- Schlaf aus Augen Reiber

Darüber hinaus wird der flankierende Einsatz von Blindenhunden zur Unterstützung von Kampfrichtern mit Tomaten auf den Augen diskutiert.

Holzarbeiten

Wussten sie schon dass Bretter vor dem Kopf nicht nur die Sicht auf den Karateringeinschränken, sondern auch Zaungäste provozieren können?

Weitere Traumjobs aus der Karatesportbranche...

➜ Strickmuster-Designer für Karategurte

➜ Karatekampfanzugflicker im Trainingscamp

➜ Playback Stöhner bei Scheintreffern

➜ Punktezüchter in der Karateliga

➜ Karategurt-Bodenturner auf der Wettkampffläche

➜ Schlagpuffer bei hart ausgeführten Schlägen

➜ Statist in der Damenumkleidekabine

➜ Seiltänzer auf Linie zwischen Wettkampf- und Sicherheitszone

➜ Doppelpartner im Karatewettkampf

➜ Lochstanzer für Karategurte

➜ Schweißperlen-Ketten Designer

➜ Gehegereiniger bei Puma

➜ Streifenzähler bei Adidas

➜ Kampfrichter in einem Karate-Computerspiel

8. Vereinstätigkeiten

(und wie sie **nicht** vergeben werden sollten)

Hallenwart: Tunichgut mit Schnarchzapfen Diplom

Kampfrichter: Hans-guck-in-die-Luft

Vereinssekretariat: Gewitterziegen mit Schreckschraubenappeal

Vereinstrainer: Luftgitarrist

Trainingsteam: In Schießbudenfiguren konvertierte HB-Männchen

Vorstand: Jammerlappen

Finanzen: Raffzähne und falsche Fünfziger

Koch Clubrestaurant: Spaghettisultan

Betreiber Club Shop: Marktschreier mit dubioser Im- und Export Expertise

Oberkampfrichter: Perückenschaf mit Schlafkappenattitüde

Organisator Events: Fatalisten

Clubkommunikation: Quatschköpfe mit großem Tratschmaul

Mannschaftsführer: Als Klabautermänner verkleidet Psychopaten

Junioren: Königsberger Klopse mit Baumschulzeugnis

Juniorinnen: Als Zimperliesen geoutete Milchmädchen

Herrenmannschaft	Platzhirsche
Damenmannschaft	Wuchtbrummen
Seniorenmannschaft	Tattergreise mit Zauselgarantie
Seniorinnenmannschaft:	Schabracken mit Schrulleffekt

Sportschicksale

9. Karate in 100 Jahren

→ Erklärungen/Interviews nach dem Karatekampf führt eine verschwitzte Avatarversion der Karatekämpfer.

→ Es gibt Duschen direkt auf der Karate Wettkampffläche. So dass auch während des Wettkampfes die Karatekämpfer sich durch eine schnelle Dusche erfrischen können.

→ Statt Mineralwasser gibt es eine Drogenmixtur aus Fencheltee, Cola, aufgelösten Kaffeebrühwürfeln und alter Capri Sonne.

→ Während der Autogrammstunde fährt ein rollender Drucker zwischen den Fans umher und druckt und verteilt ununterbrochen Autogrammkarten solange bis alle vergeben sind. Mehrfachverteilungen an gleiche Personen werden dabei in Kauf genommen.

→ Die Karatekämpfer haben Anspruch auf ein Fußbad im Rahmen des Wettkampfes. In Zukunft steigt die Wichtigkeit des Gesundheitsaspektes enorm an und der Fuß bekommt nun nach jahrelangen Fußtritten und Herumgetrampel endlich die Anerkennung, die er schon lange verdient hat.

→ Durch mobile Rückenwindmaschinen gibt es einen ordentlichen Rückenwind für den, der gerade den anderen wirft.

→ Ein ausdauernder Schattenspender spendet jedem Kämpfer die ganze Zeit Schutz vor dem grellen Scheinwerferlicht indem er ihn den ganzen Karatekampf hindurch mit einem hochgehaltenen Sonnenschirm hinterherläuft.

→ Karatekämpfer mit schlechten Angriffstechniken haben nun die Möglichkeit für die entscheidende Runde im Rahmen eines *Outtaskings* einen Karatekämpfer mit guten Angriff zu mieten.

→ Zur Abkühlung nach dem Karatekampf ist nur das Bad in der Menge oder das Bad im Ruhm des Erfolges gestattet.

→ Es wird intelligente Karatesportbrillen geben, welche just-in-time die aktuelle Kampfsituation analysieren und zielgenau Hinweise geben können wie der nächste Angriff optimal zu platzieren ist und wie man sich danach bewegen muss.

→ Es wird eine Stöhn Maschine geben, die immer dann stöhnt, wenn es der Karatekampfer während eines Schlags mal vergessen hat.

→ Karatesportkämpfe werden nur noch von Robotern bestritten, menschliche Kämpfer sind im Vergleich einfach nicht mehr gut genug und agieren nur noch als Schmiermittelholer und Ölkannenhalter.

Schlagende Verbindung

10. Gesucht wird ...

..ein neuer Vereinstrainer

Unser neuer Vereinstrainer muss den folgenden Anforderungen gerecht werden:

➤ Muss Tag und Nacht zur Verfügung stehen um **allen** Bedürfnissen der Clubmitglieder gerecht zu werden.

➤ Technikerausbildung gefordert zur kostenlosen Reparatur sämtlicher Geräte...von den Vereinsmitgliedern.

➤ Der Vereinstrainer ist auch der Schlüsselträger vom Isolationsraum im Verein, um trainingsunwillige Karatekämpfer bei Widerspruch als Strafe für gewisse Zeit wegzusperren zu können.

➤ Muss trinkfest sein, um kurz vor entscheidenden Karatewettkämpfen die Kämpfer der Gegenmannschaft, gelockt durch Gratisdrinks unter den Tisch trinken zu können.

➤ Führen einer Hunde- und Katzenpension in der Urlaubszeit für die Tiere der Vereinsmitglieder.

➤ Betreiben einer Website zur Partnervermittlung um die Mannschaft durch Abwechslung motiviert zu halten, natürlich erst nach persönlichen Qualitätscheck der Probanden/innen.

➤ Bei Reisen mit der Mannschaft muss der Trainer vor Ort im Hotel Küchenarbeit leisten um die Reisekosten für den Verein möglichst gering zu halten.

➤ Arrangement ‚zufälliger' Unfälle für die Top Kämpfer des nächsten gegnerischen Teams.

- Lernen mit Elektroschocks; Fachkenntnisse als Elektriker notwendig zum fachgerechten Einbau und Wartung entsprechender Vorrichtungen in den Karatekampfanzügen inklusive zentraler Fernbedienung.

- Pflichtbesuch des Seminars 'Moderne Motivations(rat)schläge ohne Narbenbildung' als Selbstzahler.

- Bereitschaft zeigen, sich notfalls wochenlang nicht zu waschen um die Leistung der Gegner in den Verbandsspielen durch gezieltes Stinken negativ zu beeinflussen (z.B. Zuschauen auf der Gegnerseite, Nähe zum Kämpfer suchen durch Stellen von dummen Fragen).

- Muss sowohl wüste Beschimpfungen als auch körperliche Züchtigungen der Vereins- und Mannschaftsmitglieder bei verlorenen Punkten/Kämpfen ohne Gegenwehr hinnehmen bzw. über sich ergehen lassen. Dient damit auch positiv der Agressionsbewältigung der Karatekämpfer.

- Beherrschung perfekter Techniken um den Karatekämpfern übertrieben lautes Stöhnen, Brüllen, Fluchen bei verlorener Kampfführung beizubringen und damit zur Störung der Konzentration der Gegner im Wettkampf beizutragen.

..ein neuer Mannschaftskämpfer

- Muss sexy oder absolut hässlich sein, um durch Auswahl entsprechender Kleidung, oder auch gezieltes Weglassen derselben die Kämpfer/innen der Gegenmannschaft aus dem Konzept zu bringen.

- Muss sich genau über die Kämpfer der gegnerischen Mannschaft informieren, um durch gezielte Gemeinheiten und treffende Beleidigungen die Gegner zu verunsichern.

- Muss eine Woche Kellnerdienst im Clubcafe ohne Bezahlung pro verlorenen Wettkampf ableisten.

> Hat schauspielerisches Können nachzuweisen. Für einen taktischen Wettkampfabbruch sind Erfahrungen in Simulation von Herzattacken und psychopathischen Ausrastern mit massiven Bedrohungsgesten Richtung Gegner erforderlich.

> Soll über Fähigkeiten als Entertainer bzw. auch Pausenclown verfügen zwecks Hebung der Stimmung und Moral der Mannschaft während der Wettkämpfe.

Verliebt

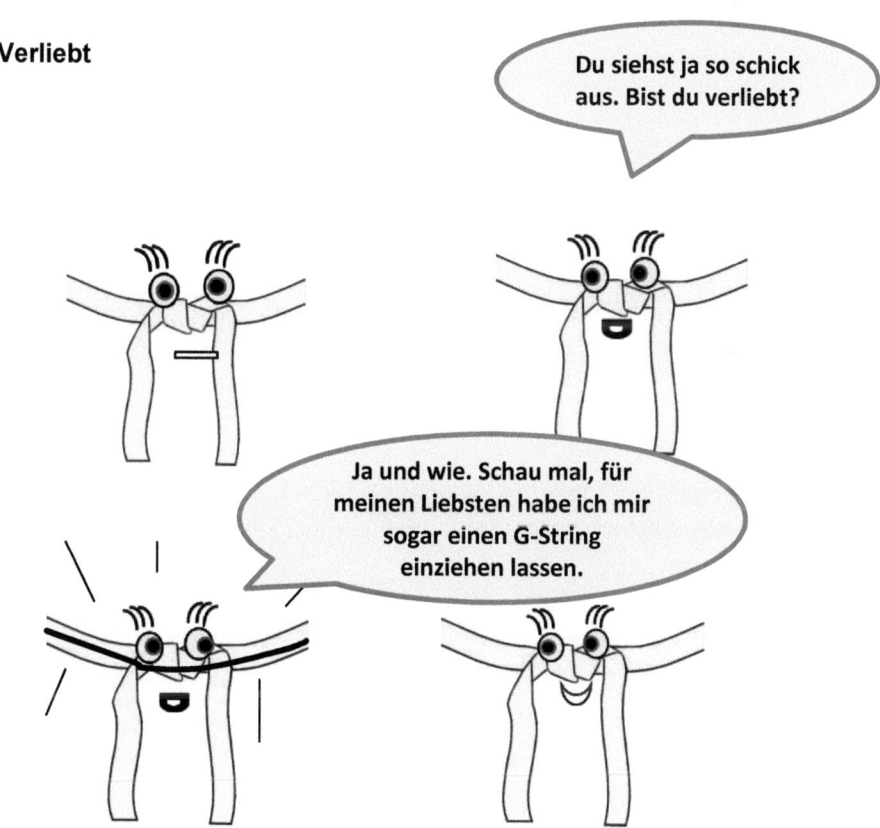

11. Zehn Anzeichen, dass sie verrückt nach Karate sind

1. Die Ausrichtung ihrer Wohnung geschieht nicht nach Feng Shui sondern nach der Struktur einer Karatewettkampffläche

2. Der Handschlag erfolgt nur noch in Handkantenhaltung

3. Der Zaun von ihrem Garten umzäunt genau die 8mx8m Fläche eines Karate Wettkampfplatzes

4. Sie genießen das Gefühl, ihren frisch gewaschenen Karateanzug in ihren Händen zu halten mehr die Berührungen ihrer Frau.

5. Sie kennen alle Kampfergebnisse ihres Karatesportvereins vom Wochenende auswendig, haben aber keine Ahnung, was gerade in der Welt vorgeht.

6. Sie finden es witzig mal etwas anderes anzuziehen als ihren Karatekampfanzug

7. Sie finden das voll fair, dass ihr/e Partner/in fremdgeht, wenn sie dadurch mehr Freiraum fürs Karate bekommen.

8. Sie hören bei einem romantischen candle light dinner nur dann ihrem Gegenüber zu, wenn dieser bestimme Schlüsselworte fallen lässt, wie z.B. Uchi, Geri oder Zuki.

9. In ihrem Navi ist ihr Karatesportverein als Heimatadresse hinterlegt

10. Um ihrer unbedingten Hingebung zum Karatesport Ausdruck zu verleihen binden sie ihren Karategurt als Kravatte und gehen damit ins Büro.

12. Das wirklich Allerletzte

Kultur & Karate

Zwei Freunde machen einen Kombinationsurlaub ‚Kultur & Karate' am Mittelmeer. Am Marktplatz im Urlaubsort erhalten sie vom Reiseleiter Instruktionen:

„Sie gehen jetzt diese Straße dort drüben lang, da werden sie auf dem Weg zur Hotelanlage auf einheimische Straßenhändler treffen, die landestypische Waren im Angebot haben und mit denen sie auch feilschen können. Weiter hinten begegnen Ihnen noch einige Straßenmusiker. Am Ende des Weges liegt die Hotelanlage mit den Karatetrainingsplätzen auf denen sie heute zwei Stunden kostenlos zusammen mit einem ehemaligen Karateweltmeister trainieren dürfen."

Die beiden Freunde machen sich gleich auf den Weg und starten ihre Tour die besagte Straße entlang. Bereits nach ein paar Metern gabelt sich diese und da beide abgelenkt sind und sich bewundernd eher die hübschen Häuser mit ihrer üppigen Blumenpracht der Balkone anschauen, laufen sie statt den Weg zur Hotelanlage zu nehmen, den Weg zum Hafen herunter. Nach ein paar Minuten begegnet Ihnen ein Einheimischer der den beiden Uhrimitate und ‚etwas zu rauchen' verkaufen möchte, was beide sofort ablehnen. Daraufhin werden sie wüst beschimpft und bevor der Verkäufer verschwindet, spuckt er auch noch verachtend vor ihnen aus. Etwas geschockt und verwirrt gehen die Freunde weiter die Straße entlang, als sie plötzlich von mehreren Männern mit der Forderung nach Geld in eine dunkle Seitengasse gedrängt werden. Beiden wird ein Messer an die Kehle gehalten und zwar so stark und lebensbedrohlich, dass bereits etwas Blut den Hals der Touristen herunterläuft. Da meint der eine Freund:

„Ich glaube der Reiseleiter hat uns reingelegt, und wenn wir am Hotel sind, müssen wir bestimmt auch noch für das Karatetraining heute bezahlen."

Absprung

Happy Birthday!

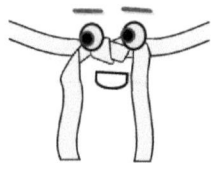

Apfel

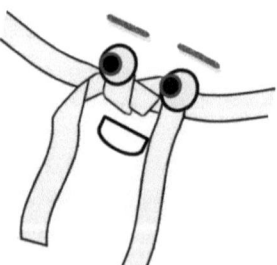

König der Gürtel

Blind Date

Zwei Zuschauer eines Karatewettkampfs unterhalten sich, sagt der eine: „Ich glaube der linke Kämpfer verwechselt den Kampf mit einem blind date." Fragt der andere: „Wieso?" Darauf wieder der andere; „Na weil der wie mit Tomaten auf den Augen kämpft."

Filzmantel

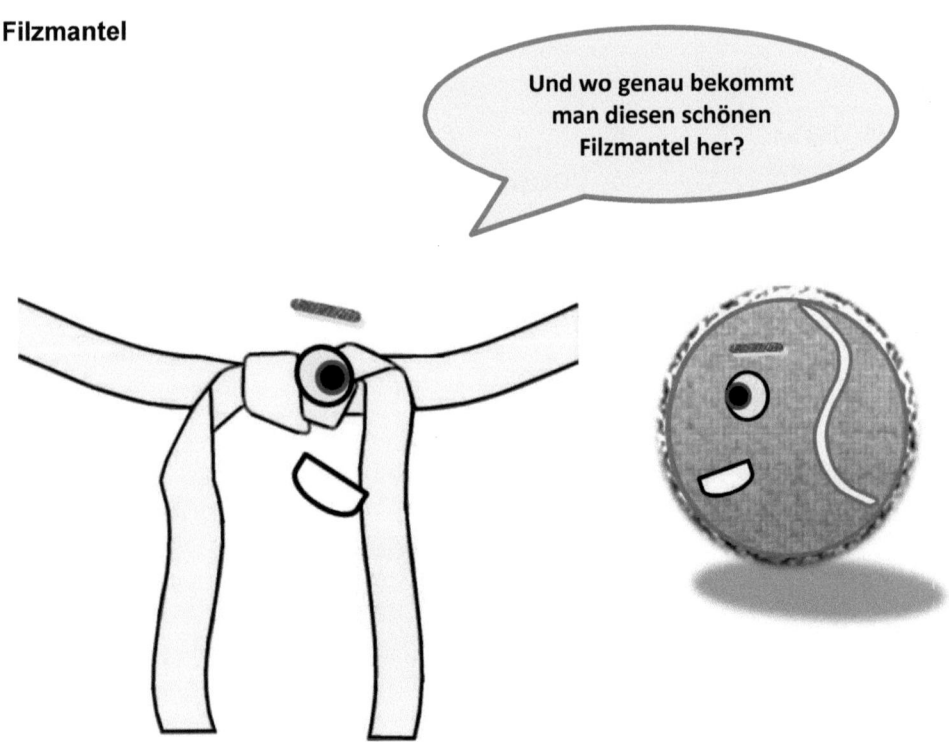

Und wo genau bekommt man diesen schönen Filzmantel her?

Chairman

„Hast du schon gehört, mein Schwager ist jetzt schon seit drei Wochen Chairman von diesem neuen internationalen Karateturnier." Darauf der andere:

„Toll dann hat er sich ja als Verkäufer aus der Tisch- und Stühleabteilung fachlich weiterentwickelt. Es soll ja auch ganz viele Stühle in bei diesem Karateturnier geben, das dauert natürlich bis die alle durchgeputzt sind."

Aktuelle Umfrage

‚Benötigen Karatesportvereine mehr IT Fachexperten?'

Nein: 0%

Ja: 0

1.   If Ja <101 then Ja = Ja +1

2.   If Ja <101 then Print ‚Ja:'Ja'%'; Goto 1.

3.   end

Ja: 1%

Ja: 2%

Ja: 3%

Ja: 4%

.....

Wie uns die Umfrageergebnisse eindeutig zeigen, erfreuen sich die IT Fachleute im Karatesportbereich einer wachsenden Beliebtheit.

Umwelt

Bitte daran denken:
Nicht mehr gebrauchte ebooks bitte fachgerecht entsorgen!

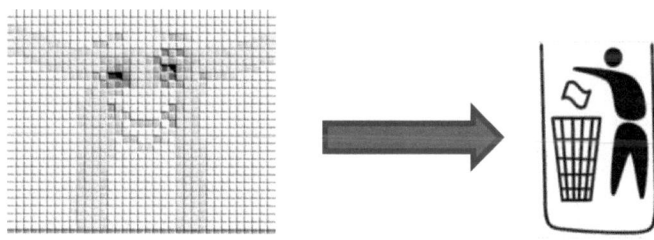

Bücher von Theo von Taane:

„Mein Schlag war nicht zu weit,
macht doch das Feld länger !"
ISBN: 9783735794604

„80% meiner Freizeit verbringe
ich hilflos in Drehtüren!"
ISBN: 9783735758125

ebook Spiele von Theo von Taane:

„Schnappt Ede!"
Für 2 - 4 Spieler; Alter: 6 – 99 Jahre
ISBN: 9783734721748

„Die spannende Geschenkejagd!"
Für 2 – 4 Spieler; Alter: 6 – 99 Jahre
ISBN: 9783734721755

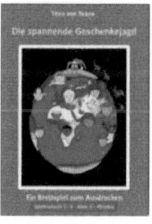

„Das Kuck-Kuck Spiel !"
Alter : 0 – 3 Jahre
ISBN: 9783734723827

„80% meiner Freizeit verbringe ich hilflos in Drehtüren!"
ISBN: **9783735758125**

Inhaltsverzeichnis